FrenchSmart

Grade

4

Andrea Philp Berlin • *Christine Chinpokoi*

FrenchSmart

Contents

School Supplies

Vocabulary: Words for school supplies

Expressions: « C'est un/une... » "It's a..."

« Ce sont... » "They are..."

Grammar: Plural endings in French

un crayon
euhn kreh·yohn
a pencil

des crayons
deh kreh·yohn
some pencils

In French, nouns are either masculine (m.) or feminine (f.). The article that introduces the noun tells its gender.

noun	introduced by
masculine	**un** or **le**
feminine	**une** or **la**

A. **Copiez les mots et écrivez « m » dans la boîte si le nom est masculin et « f » s'il est féminin.**

Copy the words and indicate whether they are masculine or feminine by writing either "m" or "f".

1.

a pen

un stylo *euhn stee·loh*

un stylo

2.

an eraser

une gomme *ewn gohm*

une gomme

3.

a marker

un marqueur *euhn mar·kuhr*

un marqaeur

4.

a coloured pencil

un crayon de couleur *euhn kreh·yohn duh koo·luhr*

un crayon de couleur

5. **un crayon**
euhn kreh·yohn

a pencil

☐ _une crayon_

6. **la colle**
lah kohl

glue

☐ _la colle_

7. **un cahier**
euhn kah·yeh

a workbook

☐ _un cahier_

8. **une règle**
ewn rehgl

a ruler

☐ _une règle_

9. **une feuille de papier**
ewn fuhy duh pah·pyeh

a sheet of paper

☐ _une feuille de papier._

10. **une chaise**
ewn shehz

a chair

☐ _une chaise_

11.

a whiteboard

A B C D E F
a b c d e f

a backpack

a binder

un tableau blanc
euhn tah·bloh blaan

☐

un sac à dos
euhn sahk ah doh

☐

un cartable
euhn kahr·tahbl

☐

B. Remplissez les boîtes avec les mots suivants.

Fill in the boxes with the words below.

- **le livre** *luh leevr*
  the book

- **le bureau** *luh bew·roh*
  the teacher's desk

- **le tapis** *luh tah·pee*
  the carpet

- **la chaise** *lah shehz*
  the chair

- **la règle** *lah rehgl*
  the ruler

- **le pupitre** *luh pew·peetr*
  the student's desk

- **le crayon** *luh kreh·yohn*
  the pencil

- **le tableau noir** *luh tah·bloh nwahr*
  the blackboard

1.

2.

3.

4.

5.

6.

7.

8.

C. **Écrivez les mots en français. Ensuite cherchez les mots français dans la grille.**

Write the words in French. Then find the French words in the word search.

```
b t i l h e b e m k b z c a r m k b z c
p g a j v u p r o s f n a e e o s f n a
a u b p r g f v l g q c r r c l g q c r
p n m e i n n i p n b f t t a p n n f t
i o a a g s p l s a z l a i f s a z l a
e u g s r o h a l n w m b p f l n w m b
r q k w w q c b m x j i l q e
t a y l e à u n o t r k e p a
l d d x d p s e c r a y o n e
l p o o e u c q u e q m c l m
u e s l b x u a e r i c g z m
m a b o y j y x h c o è l t o
z k t y k t q d e i r u h t g
t u v v t b s d k t e b g y p
a e s i a h c o t l e r i l m
```

backpack _____   book _____

pencil _____   marker _____

workbook _____   ruler _____

binder _____   pen _____

chair _____   paper _____

carpet _____   eraser _____

Plural Endings in French

When changing nouns from singular to plural, use the following word endings:

- For most words, add an "-s" to the end.
  e.g. un livre → des livre**s**

- Words that end in "-s" stay the same.
  e.g. un autobus → des autobus

- For words ending in "-eau" and "-ou", add an "-x".
  e.g. un bureau → des bureau**x**

> *Remember, the articles change too!*
>
> | singular | plural |
> |---|---|
> | un/une → | des *deh* |
> | le/la → | les *leh* |

D. Écrivez les mots au pluriel.
   Write the words in plural.

singulier singular	**pluriel** plural
un stylo	_____
un tableau	_____
le pupitre	_____
la chaise	_____
un tapis	_____
le livre	_____
un bureau	_____
une règle	_____
le crayon	_____

Expressions

C'est un crayon!

En anglais : In English	En français : In French
"It's a..."	« C'est un/une... » *seht euhn/ewn*
"They are..."	« Ce sont des... » *suh sohn deh*

E. **Écrivez les expressions au singulier et au pluriel.**
Write the expressions in singular and in plural.

1.

    a.   C'est un _____ .

    b.   Ce sont des _____ .

2.

    a. _____

    b. _____

3.

    a. _____

    b. _____

4.

    a. _____

    b. _____

5.

    a. _____

    b. _____

À l'école

At School

Vocabulary: Words for common people and places at school

Expressions: « Est-ce que je peux aller à...? » "May I go to...?"

> **Est-ce que je peux aller aux toilettes?**
>
> *ehs kuh juh puh ah·leh oh twah·leht*
>
> *May I go to the washroom?*

A. Copiez les mots.
Copy the words.

Les endroits à l'école
Places at School

la bibliothèque
the library

_____

lah bee·blyoh·tehk

le corridor
the hallway

_____

luh ko·ree·dohr

la salle des professeurs
the teachers' lounge

_____

lah sahl deh proh·feh·suhr

la cour d'école
the schoolyard

_____

lah koor deh·kohl

les toilettes des filles
the girls' washroom

Ce sont les toilettes des filles!

_____

leh twah·leht deh feey

les toilettes des garçons
the boys' washroom

_____

leh twah·leht deh gar·sohn

le gymnase
the gymnasium

_____

luh jeem·nahz

la classe de musique
the music class

_____

lah klass duh mew·zeek

la fontaine
the drinking fountain

_____

lah fohn·tehn

le bureau
the office

_____

luh bew·roh

la cafétéria
the cafeteria

_____

lah kah·feh·teh·ryah

la salle de classe
the classroom

_____

lah sahl duh klahs

un étudiant
a boy student

une étudiante
a girl student

euhn eh·tew·dyaan

ewn eh·tew·dyaant

la bibliothècaire the librarian

lah bee·blyoh·teh·kehr

le concierge the caretaker

luh kohn·syehrj

le bibliothècaire
the librarian (man)

la concierge
the caretaker (woman)

le secrétaire
the secretary (man)

la professeure
the teacher (woman)

la secrétaire the secretary

lah suh·kreh·tehr

le professeur the teacher

luh proh·feh·suhr

le directeur
the principal (man)

la directrice
the principal (woman)

luh dee·rehk·tuhr

lah dee·rehk·treess

B. Identifiez chaque personne dans l'image.

Identify each person in the picture.

> le concierge   la directrice   la secrétaire
> le professeur   l'étudiant

1.

2.

3.

4.

5.

C. Mettez chaque activité (A-D) dans le bon endroit (1-4). Ensuite écrivez le nom de chaque endroit.

Put each activity (A-D) in the correct place in school (1-4). Then write the name of the place.

la bibliothèque	la cour d'école
la cafétéria	la salle de classe

1. _②_ _____

2. _④_ _____

3. _①_ _____

4. _③_ _____

Expressions

> **Est-ce que je peux aller à la cour d'école?**
> *ehs kuh juh puh ah·leh ah lah koor deh·kohl*

En anglais :
In English

"May I go to...?"

En français :
In French

« Est-ce que je peux aller à...? »

ehs kuh juh puh ah·leh ah

D. Complétez les questions à l'aide des images et des mots donnés.
Complete the questions with the help of the pictures and the given words.

1.

the library

Est-ce que je peux aller à _____?

2.

the music class

Est-ce que je peux aller à _____?

3.

the classroom

_____

_____

Unité

3 La famille

Family

Vocabulary: Family members

Expressions: « Voici... »
"Here is..."

Grammar: Expressing possession with "de"

Voici l'animal domestique de la famille!
vwah·see lah·nee·mahl doh·mehs·teek duh lah fah·meey
Here is the family pet!

A. Copiez les mots.

Copy the words.

La famille de Diana
lah fah·meey duh dyah·nah
Diana's family

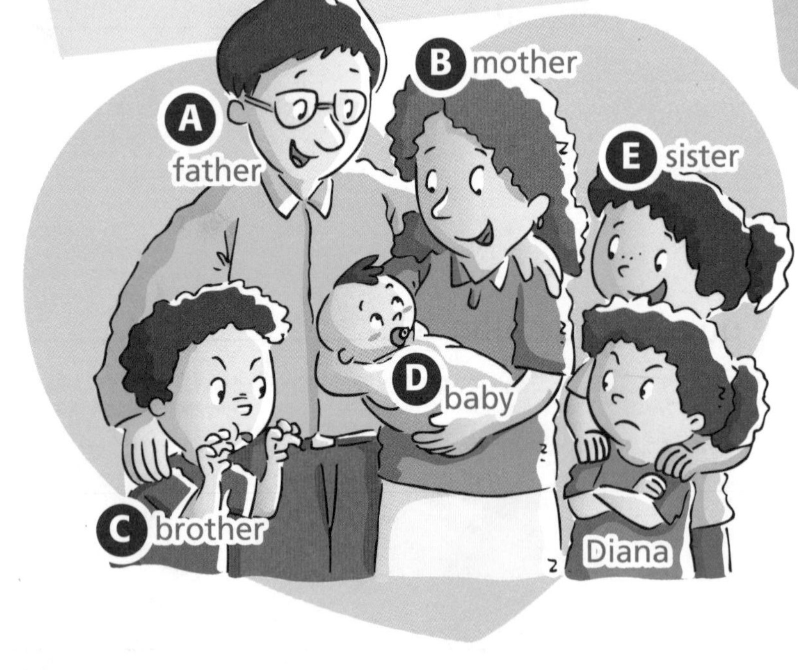

le	la

"le/la" become " l' " in front of words starting with a vowel.
e.g. **le** + enfant → **l'**enfant
the *child*

C le frère
luh frehr

____

D le bébé
luh beh·beh

____

A le père
luh pehr

____

B la mère
lah mehr

____

E la sœur
lah seuhr

____

le fils
son

luh feess

la fille
daughter

lah feey

le grand-père
grandfather

luh graan·pehr

la grand-mère
grandmother

lah graan·mehr

l'oncle
uncle

lohnkl

la tante
aunt

lah taant

cousin (boy)

le cousin

luh koo·zahn

cousin (girl)

la cousine

lah koo·zeen

child

l'enfant

laan·faan

pet

l'animal
domestique

_lah·nee·mahl
doh·mehs·teek_

B. **Remplissez les tirets pour identifier les membres de la famille.**
Fill in the blanks to identify the members of the family.

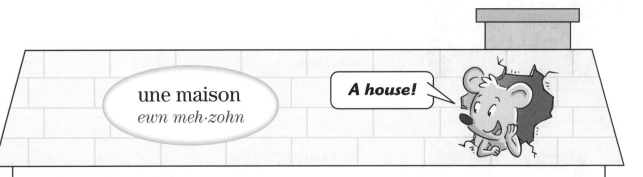

une maison
ewn meh·zohn

A house!

- p__ __e
- __œ__r
- f__ __le
- b__b__
- a__ima__ d__m__sti__ue

- m__r__
- f__ __re
- f__ __s

- gra__ __-p__ __e
- gr__n__-mè__ __

- o__c__e
- c__us__n

- c__ __ __ine
- t__n__e

C. Mettez les lettres dans le bon ordre.
Put the letters in the correct order.

1. œsur _____
2. dgarn-èerm _____
3. cnoel _____
4. neioucs _____
5. erèp-nardg _____
6. ttnae _____
7. coinsu _____
8. bbéé _____

D. Créez votre arbre généalogique.
Create your family tree.

Mon arbre généalogique

Expressions

En anglais :	En français :
In English	**In French**
"Here is..."	« Voici... »
	vwah·see

Voici mon frère!
vwah·see mohn frehr
Here is my brother!

E. Remplissez les tirets et trouvez le mot mystère.

Fill in the blanks and find the mystery word.

Voici le __ r__r__.

Voici la t__ __te.

Voici la grand-__ __re.

Voici le co__ __ __ n.

Voici l'o__c __ e.

Voici le f__ __ s.

Voici la __o__ u__.

Mot mystère
Mystery word

_____

 **Grammar**

Expressing Possession with "de"

The French preposition "de" can be used to indicate possession. It goes after the possessed object/person and before the possessor.

e.g.   la sœur **de** Marcel
       the sister **of** Marcel/Marcel's sister

F.   Remplissez les tirets selon l'arbre généalogique.

Fill in the blanks according to the family tree.

> **Voici Jean, le père de Marcel.**
> *vwah·see jaan luh pehr duh mahr·sehl*
> Here is Jean, Marcel's father.

1. Voici Alice, ___ _____ de Marcel.

2. Voici Susanne, ___ _____ - _____ de Marie.

3. Voici _____ , la tante ___ Pierre.

4. Voici Alex, ___ _____ de Marcel.

5. Voici Marie, ___ _____ de Julie.

6. Voici Alice, ___ sœur ___ Christie.

Les jours de la semaine

The Days of the Week

Vocabulary: Days of the week

Expressions: « Je vais à... » "I go to..."

> **Le lundi, je vais à l'école!**
> *luhn·dee juh veh zah leh·kohl*
> *On Monday, I go to school!*

A. Copiez les mots.
Copy the words.

une semaine
a week

_____
ewn suh·mehn

la date
the date

_____
lah daht

un jour
a day

_____
euhn joor

les jours de la semaine
the days of the week

_____
leh joor duh lah suh·mehn

le calendrier
the calendar

_____
luh kah·laan·dree·yeh

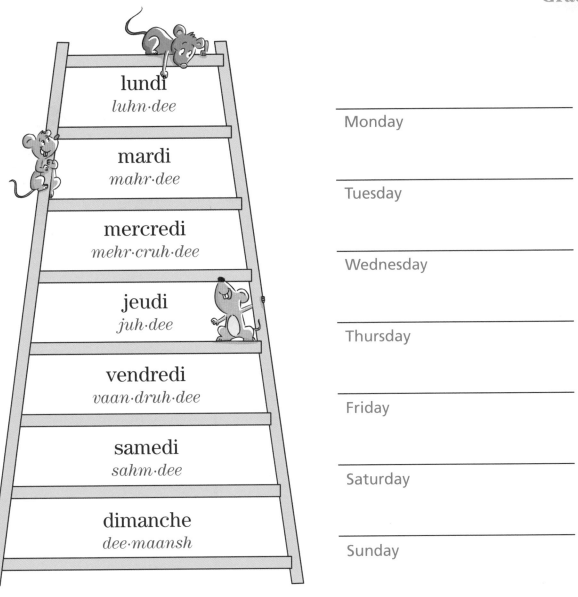

lundi *luhn·dee*	Monday
mardi *mahr·dee*	Tuesday
mercredi *mehr·cruh·dee*	Wednesday
jeudi *juh·dee*	Thursday
vendredi *vaan·druh·dee*	Friday
samedi *sahm·dee*	Saturday
dimanche *dee·maansh*	Sunday

B. Numérotez les jours de la semaine du premier (1) au dernier (7).

Number the days of the week from first to last (1–7).

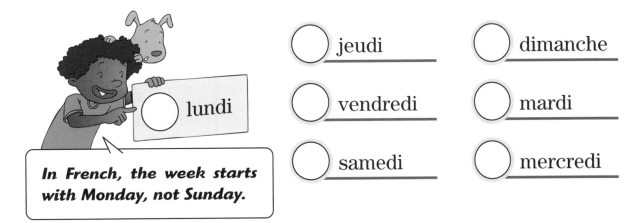

○ lundi

○ jeudi   ○ dimanche

○ vendredi   ○ mardi

○ samedi   ○ mercredi

In French, the week starts with Monday, not Sunday.

Attention!

In French, the days of the week start with a lower case letter while in English, they start with a capital letter.

C. Remplissez les tirets avec les bonnes lettres.

Fill in the blanks with the correct letters.

1. le c__ __en__ __i__ __

2.  la d__ __e

3. une s__ __ai__ __

4. un __o__ __

5. **les jours**

   de la __e__ __ine

   • __und__

   • __ar__ __

   • __ __rcre__ __

   • __e__ __ i

   • __en__ __ __di

   • __a__ __di

   • __im__ __ch__

D. Mettez les jours de la semaine dans le bon ordre.
Put the days of the week in the correct order.

les jours de la semaine
leh joor duh lah suh·mehn

weekdays

The French say both "la fin de semaine" and "le week-end"!

Thesaurus

mardi
vendredi
jeudi
mercredi
lundi
samedi
dimanche

la fin de semaine
lah fahn duh suh·mehn

the weekend

E. Écrivez les mots en français.
Write the words in French.

_____   _____
the week   the weekend

F. **Utilisez la clé pour trouver les mots mystère.**
Use the key to find the mystery words.

la clé *lah kleh*
the key

1.

_____

2.

_____

3.

_____

4.

_____

5.

_____

6.

_____

Expressions

> **Je vais à la salle des professeurs.**
> *juh veh zah lah sahl deh proh·feh·suhr*
> *I am going to the teachers' lounge.*

En anglais :	**En français :**
In English	**In French**
"I go/am going to..."	« Je vais à... » *juh veh zah*

G. **Remplissez les tirets avec l'expression « je vais à... ».**

Fill in the blanks with the expression "I go to...".

1. Le lundi, _____ l'école.

2. Le mardi, _____ la cour d'école.

3. Le mercredi, _____ la bibliothèque.

4. Le jeudi, _____ la classe de musique.

5. Le vendredi, _____ la salle de classe.

6. Le samedi, _____ la fontaine.

7.
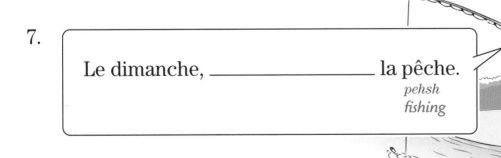

Le dimanche, _____ la pêche.
pehsh
fishing

Les mois de l'année

The Months of the Year

Vocabulary: Months of the year

Expressions: « Aujourd'hui c'est... » "Today is..."

> **Aujourd'hui c'est le 14 février!**
> *oh·joor·dwee seh luh kah·tohrz feh·vree·yeh*
> *Today is February 14th!*

A. Copiez les mots.
Copy the words.

janvier
January

_____
jaan·vyeh

février
February

_____
feh·vree·yeh

avril
April

_____
ah·vreel

mars
March

_____
mahrs

mai
May

_____
meh

juin
June

jew·ahn

juillet
July

jwee·yeh

août
August

oot

septembre
September

sehp·taambr

octobre
October

ohk·tohbr

novembre
November

noh·vaambr

décembre
December

deh·saambr

le mois
the month

luh mwah

B. **Écrivez le nom de votre mois favori et celui de votre anniversaire.**
Write the name of your favourite month and the month of your birthday in French.

mon mois préféré :
my favourite month

le mois de mon anniversaire :
the month of my birthday

Attention!

In English, the names of the months begin with a capital letter but in French, they begin with a lower case letter unless they are at the beginning of the sentence.

C. **Remplissez les tirets pour compléter le nom du mois.**

Fill in the blanks to complete the name of the month.

f_vrie_

j_in

o_to_r_

d_cem_re

_ove_b_e

m_rs

j_ill_t

a_ri_

a_ût

s_pte_bre

_ai

j_nv_er

D. Écrivez le mois correspondant sous chaque image.
Write the corresponding month under each picture.

avril   octobre   décembre
juillet   septembre   mai

1.

_____

2.

_____

3.

_____

4.

_____

5.

_____

6.

_____

E. Trouvez les mois cachés dans la grille et écrivez-les dans le bon ordre.

Find the names of the months in the word search and write them in the correct order.

r	e	i	v	n	a	j	d	w	o	k
t	e	d	s	v	h	f	e	â	y	g
b	r	z	w	y	a	j	u	i	n	t
é	b	k	p	o	q	r	s	a	h	s
ù	m	i	x	a	v	r	i	l	o	d
l	k	w	b	a	e				h	é
o	z	a	é	m	n				q	c
j	l	k	o	f	q	j	d	g	s	e
f	é	v	r	i	e	r	a	é	e	m
i	s	e	p	t	e	m	b	r	e	b
j	f	h	i	o	v	e	b	s	j	r
u	t	é	e	o	c	t	o	b	r	e
i	b	o	r	s	a	k	y	e	û	b
l	a	é	b				d	q	f	q
l	u	è	m				p	k	i	f
e	w	m	e				j	t	l	e
t	o	n	v	i	j	o	a	c	m	à
			o	a	g	t	û	o	a	h
		n	t	l	e	g	f	r	w
		m	a	i	B	q	h	s	n
		r	w	h	f	a	j	c	v

Les mois de l'année

_____

_____

_____

_____

_____

_____

_____

_____

_____

_____

_____

Saying the Date

En anglais : In English	**En français :** In French
Today is __day__ , __month__ __date__ , 2009.	Aujourd'hui c'est le __day__ __date__ __month__ 2009. *oh·joor·dwee seh luh...2009*

Aujourd'hui c'est le mardi 12 avril 2009.
oh·joor·dwee seh luh mahr·dee dooz ahv·reel duh·meel·nuhf
Today is Tuesday, April 12ᵗʰ, 2009.

avril	
mardi	12

F. Écrivez la date.
Write the date.

1. **A** Aujourd'hui c'est le _____ _____ 2009.

   B Aujourd'hui c'est le _____ _____ 2009.

   C Aujourd'hui c'est le _____ _____ 2009.

2.

   Write today's date.

   Aujourd'hui c'est le _____

   _____ .

Les nombres : de 1 à 15

Numbers: 1 to 15

Vocabulary: Numbers 1 to 15

Expressions: « Il y a... » "There is/are..."

> **Il y a quinze ballons.**
> *eel ee yah kahnz bah·lohn*
> *There are fifteen balls.*

A. Copiez les mots.
Copy the words.

un one	six six
euhn	*seess*
deux two	sept seven
duh	*seht*
trois three	huit eight
trwah	*weet*
quatre four	neuf nine
kahtr	*nuhf*
cinq five	dix ten
sahnk	*deess*

onze eleven

ohnz

douze twelve

dooz

treize thirteen

trehz

quatorze fourteen

kah·tohrz

quinze fifteen

kahnz

les nombres the numbers

leh nohmbr

B. Coloriez le nombre d'objets indiqué.
Colour the number of objects indicated.

1. un

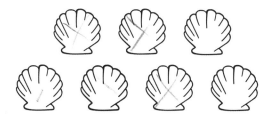

2. trois

3. cinq

4. deux

5. huit

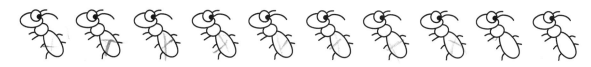

C.   Comptez les objets.   Ensuite encerclez la bonne réponse.
Count the objects.   Then circle the correct answer.

1.

cinq / quatorze

2.

huit / un

3.

treize / onze

4.

dix / cinq

5.

six / douze

6.

deux / neuf

7.

quatre / quinze

8.

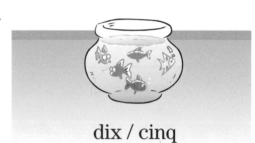

sept / trois

9.

sept / un

10.

neuf / quatre

D. Dessinez le bon nombre d'objets.

Draw the correct number of items.

E. **Lisez la recette de salade de fruits. Écrivez les nombres en lettres.**
Read the recipe for making a fruit salad. Write the numbers in words.

coupez cut *koo·peh*	**ajoutez** add *ah·joo·teh*	**mesurez** measure *muh·zu·reh*

Salade de fruits
Fruit salad

- Coupez **4** _____ pommes .
  pohm

- Ajoutez **11** _____ grains de raisin .
  grahn duh reh·zahn

- Coupez **6** _____ bananes .
  bah·nahn

- Ajoutez **14** _____ fraises .
  frehz

- Coupez **1** _____ melon d'eau .
  muh·lohn doh

- Mesurez **7** _____ tasses de jus d'orange .
  tahs duh jew doh·raanj

Voici une salade de fruits!
vwah·see ewn sah·lahd duh frwee
Here is a fruit salad!

Miam Miam!
myahm myahm
Yummy!

Expressions

En anglais :
In English
"There is/are..."

En français :
In French
« Il y a... »
eel ee yah

Il y a trois oiseaux!
eel ee yah trwah zwah·zoh
There are three birds!

F. Complétez les phrases avec l'expression « Il y a... » ou avec le bon nombre écrit en lettres.
Complete the sentences with the expression "Il y a..." or the correct numbers in words.

1. _____ quatre crayons.

2. _____ quinze professeurs.

3. Il y a _____ stylos.

4. Il y a _____ livres.

G. Écrivez les phrases 3 et 4 en anglais.
Write sentences 3 and 4 in English.

1. _____

2. _____

Les nombres : de 16 à 30

Numbers: 16 to 30

Vocabulary: Numbers 16 to 30

Expressions: « Combien de...y a-t-il? »
"How many...are there?"

le régime de Charlie
Charlie's diet

> **Combien de jours y a-t-il en mars?**
> *kohm·bee·yahn duh joor ee·yah·teel aan mahrs*
> *How many days are there in March?*

> **Il y a trente et un jours en mars, Charlie!**
> *eel ee yah traant·eh·euhn joor aan mahrs shahr·lee*
> *There are thirty one days in March, Charlie!*

A. Copiez les mots et ajoutez les nombres qui manquent.
Copy the words and add the missing numbers.

1 un _____	6 six _____	11 onze _____
2 deux _____	7 sept _____	12 douze _____
3 trois _____	8 huit _____	13 treize _____
4 quatre _____	9 neuf _____	14 quatorze _____
5 cinq _____	10 dix _____	15 quinze _____

seize 16   dix-sept 17

dix-sept = 10 + 7
dix-huit = 10 + 8
dix-neuf = 10 + 9

_____   _____
sehz   *dees·seht*

dix-huit 18   dix-neuf 19   vingt 20

_____   _____   _____
deez·weet   *deez·nuhf*   *vahn*

vingt et un   21   vingt- _____ 22

_____   _____

vahn·teh·euhn   *vahnt·duh*

vingt- _____ 23   vingt- _____ 24

_____   _____

vahnt·trwah   *vahnt·kahtr*

> The 20's are written as follows:
>
> vingt et un (21=20+1)
> vingt-deux (22=20+2)
> vingt-trois (23=20+3)
> ...
> vingt-neuf (29=20+9)

vingt- _____ 25   _____ 26   _____ 27

_____   _____   _____

vahnt·sahnk   *vahnt·seess*   *vahnt·seht*

_____ 28   _____ 29   trente   30

_____   _____   _____

vahnt·weet   *vahnt·nuhf*   *traant*

B. Reliez les chiffres aux nombres correspondants.

Match the numbers with the number words.

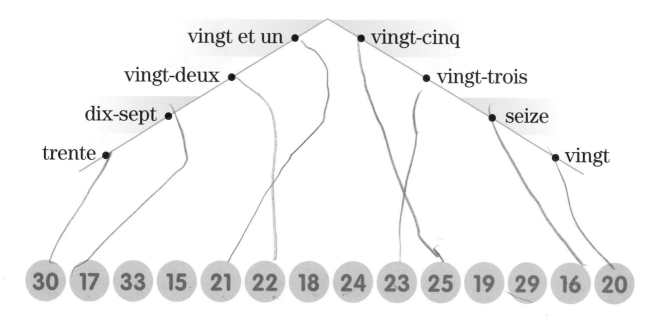

C. Écrivez le nombre des bonbons dans chaque image en lettres.
Write the number of candies in each picture in words.

A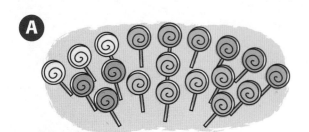

B

C

D

E

F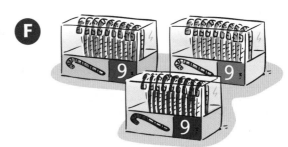

G

H

A _____

B _____

C _____

D _____

E _____

F _____

G _____

H _____

D. **Encerclez ou écrivez le nombre correspondant en chiffres.**
Circle or write the number that matches the number word.

1. vingt-trois **23** **21**

2. dix-huit **15** (**18**)

3. vingt-quatre **17** (**24**)

4. vingt et un (**21**) **6**

5. vingt-deux **16** (**22**)

6. vingt (**20**) **22**

7. dix-sept (**17**) **29**

8. vingt-six **31** (**26**)

9. vingt-neuf (**29**) **21**

10. vingt-huit **18** (**28**)

11.

12.

13.

14.

15.

16.

E. Faites les mots croisés.

Do the crossword puzzle.

16 à 30

Expressions

En anglais :
In English

Question:
"How many...are there?"

Answer:
"There are..."

En français :
In French

Question :
« Combien de...y a-t-il? »
kohm·bee·yahn duh...ee·yah·teel

Réponse :
« Il y a... »
eel ee yah

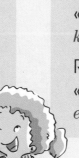

Combien de crayons y a-t-il?
How many pencils are there?

Il y a seize crayons.
There are sixteen pencils.

F. Selon le cas, écrivez la question ou la réponse.
In each case, write the question or the answer.

Use the expression "Il y a..." from unit 6 to answer the questions.

1. Q : Combien de crayons y a-t-il?
    A : 24 crayons

    _____

2. Q : Combien de marqueurs y a-t-il?
    A : 16 marqueurs

    _____

3. Q : _____
    A : Il y a trente gommes.

4. Q : _____
    A : Il y a dix-sept cahiers.

The Hour and the Time of Day

Vocabulary: Words related to time

Expressions: « Quelle heure est-il? »
            "What time is it?"

            « Il est... »
            "It is..."

> **Quelle heure est-il?**
> *kehl uhr eh·teel*
> *What time is it?*

> **Il est 11 h 30.**
> *eel eh ohnz uhr traant*
> *It is eleven thirty.*

A. Copiez les mots.
Copy the words.

1. **une horloge**
   a clock

   _____

   ewn ohr·lohj

2. **une heure**
   an hour

   _____

   ewn uhr

3. **une minute**
   a minute

   _____

   ewn mee·newt

4. **le matin**
   the morning

   _____

   luh mah·tahn

5. **l'après-midi**
   the afternoon

   _____

   lah·preh mee·dee

6. **le soir**
   the night

   _____

   luh swahr

7. **à midi**
   at noon

   _____

   ah mee·dee

8. **à minuit**
   at midnight

   _____

   ah mee·nwee

9. **l'heure**
   the time

   _____

   luhr

Writing the Time

En anglais :	En français :
In English	In French
3:00	3 h
8:15	8 h 15
5:30	5 h 30

B. Écrivez l'heure en français.

Write the time in French.

1. 2:45 _____

2. 6:55 _____

3. 4:27 _____

4. 12:04 _____

5. 11:17 _____

6. 3:58 _____

7.  _____

8.  _____

9.

10.

In French, we tell the time using a 24-hour clock. Instead of starting over at 1 after noon (12:00 p.m.), the 24-hour clock continues to count: 12, 13, 14, etc. So when you have dinner at 6 p.m., it's really 18 h!

11:00 p.m.
23 h

Remember, the minutes stay the same!

C. **Utilisez l'horloge de 24 heures pour écrire l'heure en français.**
Use the 24-hour clock to write the time in French.

1. 8:30 a.m. _____

2. 10:15 a.m. _____

3. 1:30 p.m. _____

4. 3:45 p.m. _____

5. 7:50 a.m. _____

6. 12:07 p.m. _____

7. 9:15 p.m. _____

8. 11:25 a.m. _____

9. 4:40 p.m. _____

10. 1:45 p.m. _____

11.

_____

12.

_____

D. Copiez les mots.
Copy the words.

le matin	Le temps du jour	le soir
the morning	The time of day	the night

le matin
luh mah·tahn

l'après-midi
lah·preh mee·dee

le soir
luh swahr

_____
the morning

_____
the afternoon

_____
the night

E. Encerclez l'expression temporelle qui correspond à l'heure donnée.
Circle the time of the day that matches the given time.

1. —— **22 h 30** ——

   l'après-midi

   le matin   le soir

2. —— **14 h 15** ——

   le matin

   le soir   l'après-midi

3. —— **7 h 45** ——

   le soir

   l'après-midi   le matin

4. —— **16 h 20** ——

   l'après-midi

   le soir   le matin

5. —— **6 h 15** ——

   le matin

   l'après-midi   le soir

6. —— **19 h 10** ——

   le soir

   le matin   l'après-midi

F. Reliez l'heure au bon temps du jour.

Match the time with the correct time of the day.

1. 13 h 10 •

2. 20 h 15 •

3. 14 h 15 •

4. 21 h 25 •

5. 10 h 12 •

6. 7 h 45 •

• **le matin**

• **le soir**

• **l'après-midi**

G. Encerclez l'heure correspondante à l'image.

Circle the time shown in the picture.

1.

A. 8 h 30

B. 16 h

C. 18 h

2.

A. 10 h 15

B. 12 h

C. 21 h

 **Expressions**

Asking the Time

En anglais :
In English

Question: "What time is it?"
Answer: "It is..."

En français :
In French

Question : « Quelle heure est-il? »
kehl uhr eh·teel

Réponse : « Il est... »
eel eh

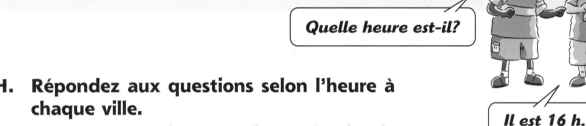

Quelle heure est-il?

Il est 16 h.

H. Répondez aux questions selon l'heure à chaque ville.

Answer the questions according to the time in each city.

1.

Q : Quelle heure est-il à Paris?

A : _____

2.

Q : Quelle heure est-il à New York?

A : _____

3.

Q : Quelle heure est-il à Londres?

A : _____

4.

Q : Quelle heure est-il à Toronto?

A : _____

La révision 1

La révision
- Les objets de classe
- À l'école
- La famille
- Les jours de la semaine
- Les mois de l'année
- Les nombres : de 1 à 30
- L'heure et le temps du jour

A. Encerclez la bonne réponse.
Circle the correct answer.

C'est...

1.   A. un cahier   B. un crayon   C. un livre

2.   A. un marqueur   B. un livre   C. un étudiant

3.   A. un tapis   B. un pupitre   C. une règle

4.   A. de la colle   B. un tableau   C. un cartable

5.   A. un bureau   B. un stylo   C. une chaise

6.   A. une paire de ciseaux   B. une règle   C. le papier

7.

   A. la cafétéria   B. la bibliothèque

   C. le gymnase   D. la cour d'école

8.

   A. le bureau   B. le couloir

   C. la fontaine   D. le gymnase

9.

   A. la date   B. lundi

   C. une semaine   D. l'école

10.

    A. trois

    B. dix

    C. huit

11.

    A. vingt-quatre

    B. vingt-cinq

    C. douze

12.

    A. thirty

    B. eleven

    C. nine

13.

    A. 10 h 15

    B. 12 h 20

    C. 14 h 30

14.

    A. des frères

    B. un oncle

    C. des sœurs

15.

    A. un bébé

    B. une mère

    C. une tante

B. Remplissez les tirets pour écrire les noms des objets.

Fill in the blanks to write the names of the objects.

A l_ s_i_

B _ct_br_

C Dix

D u_ c_hi__r

E Déc_mbr_

F m_d_

G j_n_d_

H u_ ca__nd_i_r

I _in_t-h__t

J u_ bé_b__

K u_ an_m_l do__es_ique

L une m_n__e

M u_ c_rta__e

N _ne p_of_s____re

O un _ray_n de c__vl__r

C. Mettez les lettres dans les bons cercles.
Put the letters in the correct circles.

the librarian

brother

the month

August

a week

a pen

the gym

Sunday

March

a student

a daughter

the scissors

A une semaine

B le gymnase

C un étudiant

D un stylo

E une fille

F les ciseaux

G mars

H dimanche

I le mois

J août

K la bibliothécaire

L le frère

D. Écrivez les bonnes lettres dans les cercles.

Write the correct letters in the circles.

1. C'est un sac à dos.

2. Est-ce que je peux aller à la cafétéria?

3. Aujourd'hui c'est le vendredi 21 août 2009.

B 10/05/09

4. Il y a sept paires de ciseaux.

5. Combien d'étudiants y a-t-il? _____

A Il y a quatre étudiants.

B Il y a deux chiens.

C Il y a un concierge.

6. Je vais à la maison. _____

A

B

C

7. Voici ma grand-mère. _____

A

B

C

8. Quelle heure est-il? _____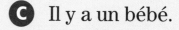

A C'est le 24 mars.

Mars
24

B Il est 8 h 30.

C Il y a un bébé.

Les pronoms personnels sujets

Personal Subject Pronouns

Vocabulary: Personal subject pronouns

Grammar: The verb « avoir » "to have"

J'ai trois frères!
jeh trwah frehr
I have three brothers!

A. Copiez les mots.
Copy the words.

singulier (sg.)
singular

pluriel (pl.)
plural

 je I

_____
juh

 nous we

_____
noo

tu you (sg.)

_____
tew

 vous you (pl.)

_____
voo

 il he

_____
eel

 ils they (masculine)

_____
eel

 elle she

_____
ehl

elles they (feminine)

_____
ehl

Les pronoms personnels singuliers
Singular Personal Pronouns

Il masculin
He / It masculine

- masculine singular common nouns
  e.g. le garçon

- masculine proper nouns
  e.g. Jean

→ can be replaced by **"il"**
  e.g. le garçon → **il**
      Jean → **il**

Elle féminin
She / It feminine

- feminine singular common nouns
  e.g. la fille

- feminine proper nouns
  e.g. Sarah

→ can be replaced by **"elle"**
  e.g. la fille → **elle**
      Sarah → **elle**

B. Remplacez les noms avec le pronom « il » ou « elle ».
Replace the nouns with the pronoun "il" or "elle".

1. Simon _____

2. un bébé _____

3. là gomme _____

4. le stylo _____

5. la tante _____

6. Marcel _____

7. Caroline _____

8. le chien _____

9. une chaise _____

10. la semaine _____

11. un sac à dos _____

12. le directeur _____

13. la cousine _____

14. le cartable _____

Les pronoms personnels pluriels
Plural Personal Pronouns

Ils masculin
They masculine

- masculine plural common nouns
  e.g. **les** garçon**s**

- more than one masculine proper noun
  e.g. Jean et Pierre

- any group of nouns with at least one masculine noun
  e.g. Marie, Julie et Jean

→ can be replaced by **"ils"**

e.g. les garçons → **ils**

    Jean et Pierre → **ils**

    Pierre, Jean et Julie → **ils**

Elles féminin
They feminine

- feminine plural common nouns
  e.g. **les** fille**s**

- more than one feminine proper noun
  e.g. Sarah et Julie

→ can be replaced by **"elles"**

e.g. les filles → **elles**

    Sarah et Marie → **elles**

elles + il = ils

C. Remplacez les noms avec le pronom « ils » ou « elles ».
Replace the nouns with the pronoun "ils" or "elles".

1. Simon et Jean _____ils_____

2. les livres (m.) _____

3. les pupitres (m.) _____

4. les règles (f.) ___elles___

5. Marie et Caroline ___elles___

6. les chiens ___elles___

7. Simon et la chaise ___ils___

8. Julie, Jean et les chiennes ___elles___

AVOIR au présent
To have

singular	plural
J'**ai** *jeh* I have	Nous **avons** *noo zah·vohn* We have
Tu **as** *tew ah* You have	Vous **avez** *voo zah·veh* You (pl.) have
Il **a** *eel ah* He has	Ils **ont** *eel zohn* They (m.) have
Elle **a** *ehl ah* She has	Elles **ont** *ehl zohn* They (f.) have

The pronoun "je" becomes "j'" before a vowel.

je + ai = j'ai
I have

D. Complétez les phrases avec la bonne forme du verbe « avoir ».

Complete the sentences with the corect form of the verb "avoir".

Nous 1._____ des pommes.

Ils 2._____ un animal domestique.

Tu 4._____ un chandail.

J' 3._____ un crayon.

E. Reliez chaque pronom à la bonne phrase.

Match each pronoun with the correct phrase.

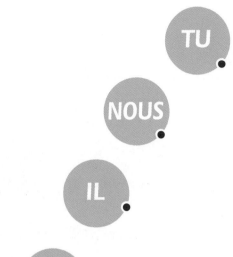

TU

NOUS

IL

ELLES

J'

VOUS

ILS

ELLE

- **ai une règle.**
  have a ruler.

- **ont des crayons. (m.)**
  have pencils.

- **as trois feuilles de papier.**
  have three pieces of paper.

- **avons des professeurs.**
  have teachers.

- **a une gomme. (m.)**
  has an eraser.

- **ont des chaises. (f.)**
  have chairs.

- **avez des cahiers.**
  have workbooks.

- **a un stylo. (f.)**
  has a pen.

F. **Lisez l'histoire et encerclez les pronoms qui pourraient remplacer les mots soulignés.**

Read the story and circle the pronouns that could replace the underlined words.

1. Le père et la mère de Marcel ont deux filles et deux fils. *2. Marcel* a deux sœurs. *3. Les deux sœurs de Marcel* ont un animal domestique, Charlie. *4. Marcel* a aussi un frère, Pierre. *5. Pierre* , le bébé, a une balle. *6. Marcel, les deux sœurs de Marcel, Charlie et le bébé* ont une maison.

1. Ils
    Vous
    Nous

2. Je
    Il
    Elles

3. Elles   Ils   Nous

4. Elle
    Vous
    Il

5. Nous
    Il
    Charlie

6. Je
    Elle
    Ils

« et » = "and"
e.g. Marie *et* Charlie
      Marie *and* Charlie

Chez moi

At my House

Vocabulary: Household objects

Grammar: The verb « être » "to be"

Expressions: « Où est... ? » "Where is...?"
« Il/Elle est dans... » "It's in..."

A. Copiez les mots.
Copy the words.

Chez moi, la baignoire est dans la salle de bain.

sheh mwah lah behy·nwahr eh daan lah sahl duh bahn

At my house, the bathtub is in the washroom.

une machine à laver

_____

ewn mah·sheen ah lah·veh

une chaise

_____

ewn shehz

un lit

_____

euhn lee

une baignoire

_____

ewn behyn·wahr

une douche

_____

ewn doosh

un canapé

_____

euhn kah·nah·peh

un réfrigérateur

_____

euhn reh·free·jeh·rah·tuhr

un fauteuil

_____

euhn foh·teuhy

une lampe

_____

ewn laamp

une table

_____

ewn tahbl

un oreiller

une toilette

_____

euhn oh·reh·yeh

_____

ewn twah·leht

une télévision

_____

ewn teh·leh·vee·zyohn

la maison
the house

la cheminée

_____
lah meh·zohn

_____
lah shuh·mee·neh

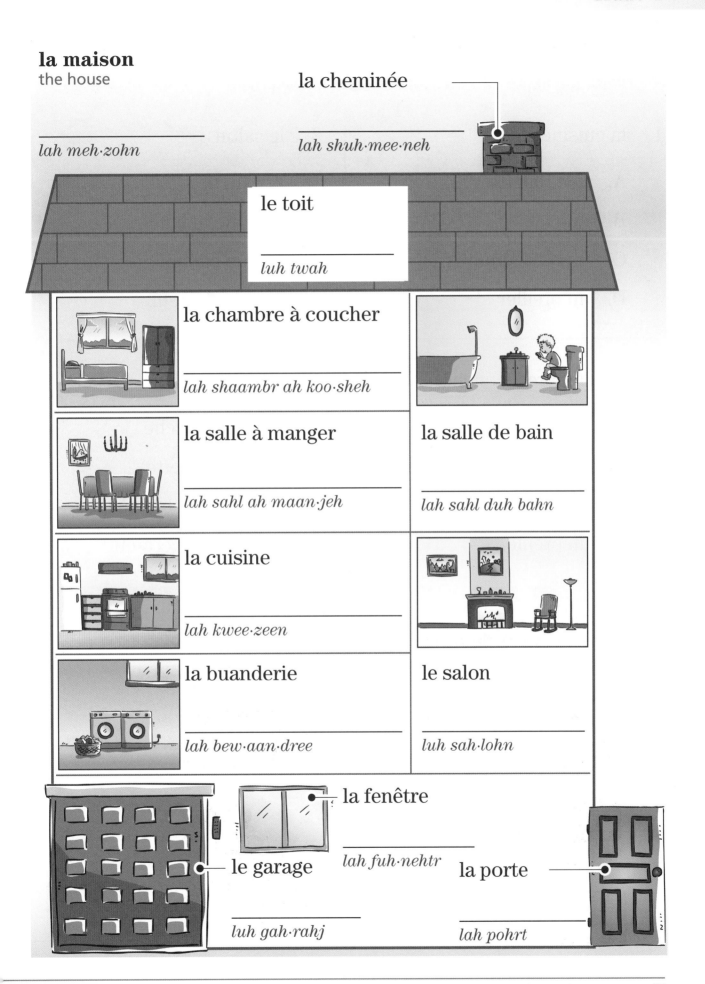

le toit

_____
luh twah

la chambre à coucher

_____
lah shaambr ah koo·sheh

la salle à manger

_____
lah sahl ah maan·jeh

la salle de bain

_____
lah sahl duh bahn

la cuisine

_____
lah kwee·zeen

la buanderie

_____
lah bew·aan·dree

le salon

_____
luh sah·lohn

la fenêtre

_____
lah fuh·nehtr

le garage

_____
luh gah·rahj

la porte

_____
lah pohrt

B. Encerclez les objets qui se trouvent dans chaque pièce.

Circle the objects that would be found in each room.

1. la cuisine

   A. une toilette

   B. une table

   C. un réfrigérateur

   D. un oreiller

2. le salon

   A. un lit

   B. une baignoire

   C. un canapé

   D. un fauteuil

3. la chambre à coucher

   A. une lampe

   B. un lit

   C. une baignoire

   D. un oreiller

4. la salle de bain

   A. une douche

   B. une toilette

   C. une machine à laver

   D. un réfrigérateur

C. Écrivez le nom de chaque partie de la maison.

Write the name of each part of the house.

1. _____

2.  _____

3. _____

4.  _____

5. _____

Grammar

ÊTRE au présent
To be

singular	plural
Je **suis** I am *juh swee*	Nous **sommes** We are *noo sohm*
Tu **es** You are *tew eh*	Vous **êtes** You are *voo zeht*
Il **est** He is *eel eh*	Ils **sont** They (m.) are *eel sohn*
Elle **est** She is *ehl eh*	Elles **sont** They (f.) are *ehl sohn*

D. Remplissez les tirets avec la bonne forme du verbe « être ».

Fill in the blanks with the correct form of the verb "être".

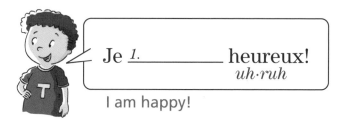

Je 1._____ heureux!
uh·ruh

I am happy!

Elle 2._____ une fille.
She is a girl.   *ewn feey*

Vous 3._____ fâchés.
You (pl.) are angry.   *fah·sheh*

Elles 4._____ tristes.
They (f.pl.) are sad.   *treest*

Je 5._____ une fille.

Je 6._____ un garçon.

Expressions

OÙ
Where

> **Où est la lampe?**
> *oo eh lah laamp*
> *Where is the lamp?*

En anglais :
In English

Question: "Where is...?"

Answer: "It is **in**..."

En français :
In French

Question : « Où est...? »
oo eh

Réponse : « Il/Elle est **dans**... »
eel/ehl eh daan

E. **Répondez aux questions par des phrases complètes.**
Answer the questions with complete sentences.

e.g. Où est la toilette? _Elle est dans la salle de bain._

1. Où est le canapé? _____

2. Où est la machine à laver? _____

3. Où est la douche? _____

4. Où est l'oreiller? _____

5. Où est la table? _____

F. **Demandez l'endroit de chaque objet avec « Où est... ».**
Ask the location of each object using "Où est...".

Ⓐ _____

Ⓑ _____

G. Encerclez la bonne réponse.
Circle the correct answers.

1.

Où est la table?

Elle est dans...

A. la salle à manger.

B. la salle de bain.

C. la chambre à coucher.

2.

Où est la cheminée?

Elle est sur...

A. le salon.

B. le toit.

C. la buanderie.

3.

Où est la baignoire?

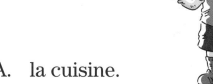

Elle est dans...

A. la cuisine.

B. la salle de bain.

C. la salle à manger.

4.

Où est la chaise?

Elle est dans...

A. la cuisine.

B. le garage.

C. la salle de bain.

Vocabulary: Domestic animals

Expressions: « Mon animal préféré est... »
"My favourite animal is..."

Mon animal préféré est le chien.
mohn ah·nee·mahl preh·feh·reh eh luh shyahn
My favourite animal is the dog.

A. Copiez les mots.
Copy the words.

un cochon d'Inde

_____
euhn koh·shohn dahnd

un serpent

_____
euhn sehr·paan

un oiseau

_____
euhn wah·zoh

une grenouille

_____
ewn gruh·nooy

un poisson

_____
euhn pwah·sohn

un lézard

_____
euhn leh·zahr

un chat
_____
euhn shah

une tortue
_____
ewn tohr·tew

un hamster
_____
euhn ahm·stehr

un chien
_____
euhn shyahn

une chienne
_____
ewn shyehn

un lapin
_____
euhn lah·pahn

B. Encerclez le bon mot français.
Circle the correct French word.

1. ———— *Bird* ————

   une grenouille / un oiseau

2. ———— *Rabbit* ————

   un lapin / une tortue

3. ———— *Fish* ————

   un lézard / un poisson

4. ———— *Snake* ————

   un serpent / un chat

5. ———— *Cat* ————

   un chat / un chien

6. ———— *Frog* ————

   un lapin / une grenouille

C. Écrivez les noms des trois animaux qui composent chaque animal bizarre.
Write the names of the three animals that make up each mysterious creature.

1.

———————————

———————————

———————————

2.

———————————

———————————

———————————

3.

———————————

———————————

———————————

D. Écrivez le nom de l'animal domestique auquel chaque objet appartient.

Write the name of the domestic animal to whom each object belongs.

1.

__h__t

2.

c__ __e__

3.

p__i__ __on

4.

__is__ __u

5.

__a__s__ __ __

6.

l__ __i__

7.

t__rt__ __

8.

co__h__n __'__nd__

9.

__éz__r__

10.

__ren__ __ __l__ __

__hi__ __ __e

E. Mettez les lettres dans le bon ordre.

Put the letters in the correct order.

1.  petsren

_____

2. rnegiloule

_____

3. npsoios

_____

4.  pnial

_____

5. treotu

_____

6. délzra

_____

7. hact

_____

8. soeiaU

_____

9. ichne

_____

F. **Écrivez les mots manquants et trouvez les mots cachés dans la grille.**

Write the missing French words and find them in the word search.

1. Le _____ est dans l'eau. The fish is in the water.

2. Il y a une _____ dans la cuisine! There is a frog in the kitchen!

3. Le _____ a une balle. The cat has a ball.

4. Le _____ est dans la maison. The guinea pig is in the house.

5. Le _____ est un animal domestique. The rabbit is a domestic animal.

6. Le _____ est dans ma chambre. The hamster is in my room.

7. Le _____ est dans le désert. The lizard is in the desert.

8. L' _____ est dans le ciel. The bird is in the sky.

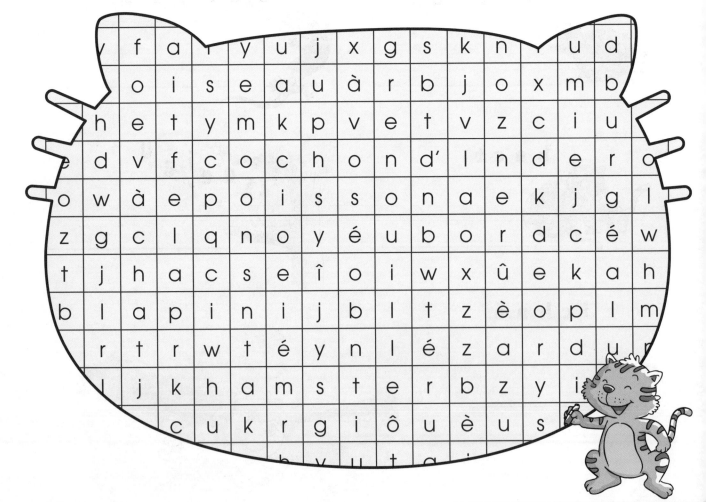

Expressions

En anglais :	En français :
In English	**In French**
"My favourite animal is..."	« Mon animal préféré est... » *mohn ah·nee·mahl preh·feh·reh eh*

Mon animal préféré est le serpent!
mohn ah·nee·mahl preh·feh·reh eh luh sehr·paan

My favourite animal is the snake!

G. Complétez les phrases à l'aide des images et du verbe « être ».

Complete the sentences with the help of the pictures and the verb "être".

1. Mon animal préféré _____.

2. Mon animal préféré _____.

3. Mon animal préféré _____.

H. Quel est votre animal préféré? Répondez par une phrase complète.

What is your favourite animal? Answer with a complete sentence.

_____

_____

Dessinez-le!
Draw it!

Les couleurs

Colours

Vocabulary: Words for colours

Grammar: Different forms of colour adjectives

Expressions: « J'aime... » "I like..."
« Je n'aime pas... » "I don't like..."

> **J'aime le vert!**
> *jehm luh vehr*
> *I like green!*

A. Copiez les mots.
Copy the words.

le bleu

✗ _____
luh bluh

le rouge

✗ _____
luh rooj

le jaune **yellow**

✗ _____
luh johwn

le vert **green**

✗ _____
luh vehr

l'orange

✗ _____
loh·raanj

le violet **purple**

\ _____
luh vee·oh·leh

le rose **pink**

_____
luh rohz

le brun

✗ _____
luh bruhn

le gris **grey**

✗ _____
luh gree

le noir

✗ _____
luh nwahr

le blanc **white**

✗ _____
luh blaan

le bleu pâle

_____
luh bluh pahl

le vert foncé — dark green

luh vehr fohn·seh

le bleu marine — dark blue

luh bluh mah·reen

le marron — red brown

luh mah·rohn

le lilas — lilac

luh lee·lah

le turquoise — turquoise

luh tewr·kwahz

l'ivoire — ivory

lee·vwahr

B. **Quelle couleur obtient-on lorsqu'on mélange chaque paire de couleurs?**
What colour do we get by mixing each pair of colours?

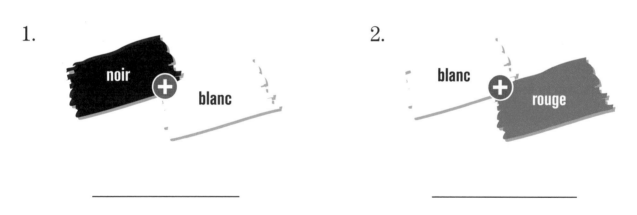

1. noir + blanc

_____

2. blanc + rouge

_____

3. rouge + jaune

_____

4. blanc + bleu

_____

5. vert + noir

_____

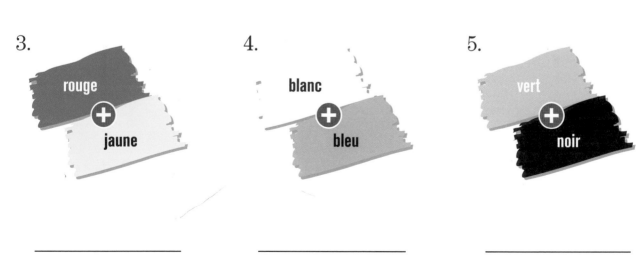

C. Coloriez l'arc-en-ciel avec les couleurs indiquées.
Colour the rainbow with the indicated colours.

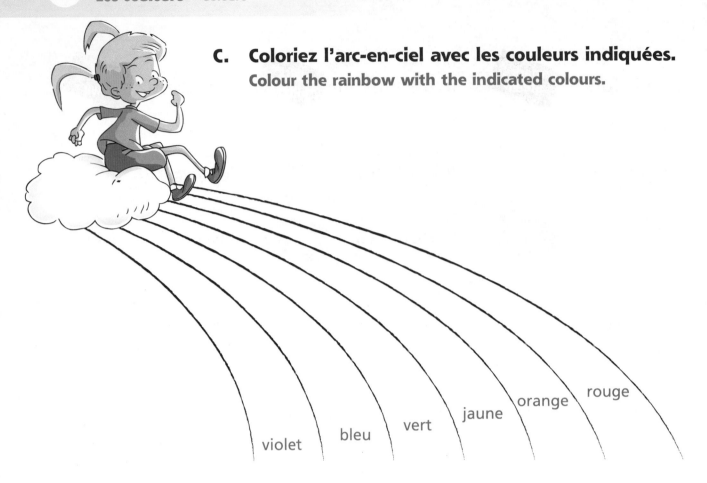

violet   bleu   vert   jaune   orange   rouge

D. Reliez chaque mot anglais au bon mot français.
Link each English word to the correct French word with a line.

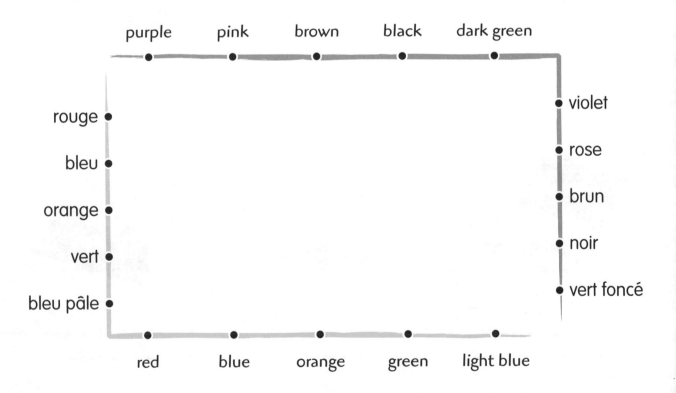

purple   pink   brown   black   dark green

rouge
bleu
orange
vert
bleu pâle

violet
rose
brun
noir
vert foncé

red   blue   orange   green   light blue

E. Écrivez la couleur de chaque objet.
Write the colour of each object.

1.

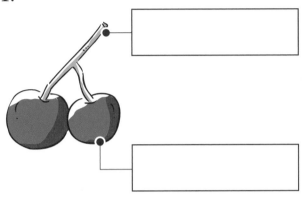

2.

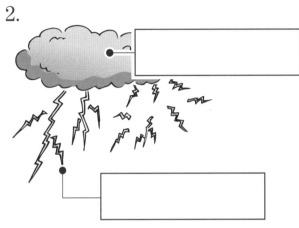

3.

4.

5.

Ⓐ _____

Ⓑ _____

Ⓒ _____

Ⓓ _____

Ⓔ _____

Ⓕ _____

Colour Adjectives

French adjectives must agree in number and gender with the nouns they describe. Colour words can be used as adjectives. They are placed after the nouns they are describing.

"Orange", "marron" and two-word colour adjectives (bleu pâle, vert foncé, etc.) are exceptions that never change form.

Masculine	Singular	bleu	vert	violet	blanc	rouge	orange
	Plural	bleus	verts	violets	blancs	rouges	orange
Feminine	Singular	bleue	verte	violette	blanche	rouge	orange
	Plural	bleues	vertes	violettes	blanches	rouges	orange

F. **Complétez les phrases avec la bonne forme du verbe « avoir » et la bonne forme des adjectifs de couleurs.**

Complete the sentences with the correct form of the verb "avoir" and colour adjectives.

e.g.   **J'ai des crayons rouges.**

1. Tu _____ .

2. Il _____ .

3. Alice _____ .

4. Elles _____ .

5. J'_____ .

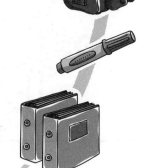

 **Expressions**

En anglais : In English	En français : In French
"I like…" "I don't like…"	« J'aime… » *jehm* « Je n'aime pas… » *juh nehm pah*

J'aime le rouge!
jehm luh rooj
I like red!

G. **Écrivez les expressions « J'aime… » et « Je n'aime pas… » avec les couleurs données.**

Write the expressions "J'aime…" and "Je n'aime pas…" with the given colours.

1.
_____

_____

2.
_____

_____

3.
_____

_____

4.
_____

_____

Les saisons

The Seasons

Quand est-ce qu'on voit les fleurs?
kaan ehs kohn vwah leh fluhr

When do we see flowers?

Vocabulary: The seasons

Expressions: « Quand est-ce qu'on voit...? »
"When do we see...?"

Au printemps!
oh preuhn·taam

In spring!

A. Copiez les mots.
Copy the words.

L'hiver *Winter*

lee·vehr

le bonhomme de neige

luh bohn·ohm duh nehj

la neige

lah nehj

la pelle

lah pehl

Le printemps *Spring*

luh preuhn·taam

le parapluie

luh pah·rah·plwee

la pluie

lah plwee

la fleur

lah fluhr

L'été *Summer*

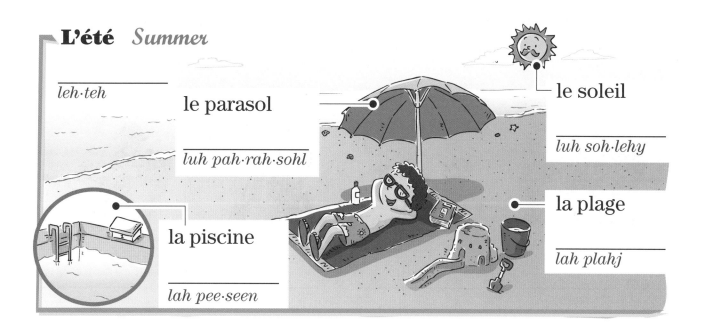

_____
leh·teh

le parasol

_____
luh pah·rah·sohl

le soleil

_____
luh soh·lehy

la plage

_____
lah plahj

la piscine

_____
lah pee·seen

L'automne *Fall*

_____
loh·tohn

la feuille

_____
lah fuhy

le râteau

_____
luh rah·toh

la citrouille

_____
lah see·trweey

l'arbre (m.)

_____
lahrbr

B. Écrivez la saison que vous aimez et celle que vous n'aimez pas.
Write the season you like and the one you do not like.

J'aime _____ .   Je n'aime pas _____ .

C. Écrivez le nom de chaque saison en utilisant l'expression « C'est... ».

Write the name of each season using the expression "C'est...".

1.

2.

3.

4.

C'est _____ . _____ _____ _____

D. Écrivez le nom et la couleur de chaque objet par une phrase complète. Ensuite écrivez le nom de la saison correspondante.

Write the name and the colour of each object using a complete sentence. Then give the corresponding season.

e.g. _Le parapluie est gris._

La saison : _le printemps_

1.
_____

La saison : _____

2.
_____

La saison : _____

3.
_____

La saison : _____

4.
_____

La saison : _____

5.
_____

La saison : _____

E. **Dessinez les objets indiqués. Ensuite écrivez le nom de chaque saison.**

Draw the indicated objects. Then write the name of each season.

Les saisons

- un bonhomme de neige blanc
- la neige blanche

- des fleurs rouges
- de la pluie bleue

- une citrouille orange
- une feuille rouge

- un soleil jaune
- une plage brune

Suivez le cycle des saisons dans votre dessin.
swee·veh luh seekl deh seh·zohn daan vohtr deh·sahn
Follow the cycle of the seasons in your drawing.

F. **Encerclez tout ce qui correspond à la saison indiquée.**
Circle the objects or words that correspond with the season indicated.

1. L'hiver ─────────────────────────

la pluie	la neige
le soleil	la plage
le bonhomme de neige	

2. Le printemps ─────────────────────

la feuille	la fleur
la pelle	le râteau
la neige	la piscine

3. L'été ──────────────────────────

la neige	la plage
la fleur	le soleil
le râteau	la pluie

4. L'automne ─────────────────────────

la feuille	la neige
la citrouille	la piscine
le parasol	la pluie

Expressions

En anglais : **In English** "When do we see...?"	En français : **In French** « Quand est-ce qu'on voit...? » *kaan ehs·kohn vwah...*

Quand est-ce qu'on voit les fleurs?
kaan ehs kohn vwah leh fluhr
When do we see flowers?

G. Choisissez la bonne réponse à chaque question de la boîte ci-dessous.
Choose the correct answer to each question from the box below.

1. Quand est-ce qu'on voit la citrouille?

   _____

   - **en** hiver
   - **au** printemps
   - **en** été
   - **en** automne

2. Quand est-ce qu'on voit la neige?

   _____

3. Quand est-ce qu'on voit les fleurs?

   _____

4. **Quand est-ce qu'on voit le soleil?**

   _____

Le temps

The Weather

Quel temps fait-il?
kehl taam feh·teel
What's the weather like?

Vocabulary: Words related to the weather

Expressions: « Quel temps fait-il? » "What's the weather like?"

« Il fait... » "It's..."

Il fait froid.
eel feh frwah
It's cold.

A. Copiez les mots.
Copy the words.

la pluie
rain

_____
lah plwee

la neige
snow

_____
lah nehj

le vent
wind

_____
luh vaan

le soleil
the sun

_____
luh soh·lehy

la glace
ice

_____
lah glahs

les nuages
clouds

_____
leh new·ahj

l'éclair
lightning

_____
leh·klehr

le brouillard
fog

_____
luh broo·yahr

le tonnerre
thunder

_____
luh toh·nehr

Il pleut.
It's rainy.

_____

eel pluh

Il neige.
It's snowy.

_____

eel nehj

Il y a du vent.
It's windy.

_____

eel ee yah dew vaan

Il fait beau.   It's nice.

_____

eel feh boh

Il fait mauvais.   It's bad.

_____

eel feh moh·veh

Il fait frais.   It's cool.

_____

eel feh freh

Il fait chaud.   It's hot.

_____

eel feh shoh

Il fait froid.   It's cold.

_____

eel feh frwah

Il y a du soleil.
It's sunny.

_____

eel ee yah dew soh·lehy

Il y a des nuages.
It's cloudy.

_____

eel ee yah deh new·ahj

Il y a de l'orage.
It's stormy.

_____

eel ee yah duh loh·rahj

Il y a du brouillard.
It's foggy.

_____

eel ee yah dew broo·yahr

B.   Complétez la phrase avec l'une des expressions ci-dessus.
Complete the sentence with one of the above expressions.

Aujourd'hui, il _____

_____

Il gèle!
eel jehl
It's freezing!

C. **Écrivez les mots en français. Trouvez les mots cachés dans la grille.**
Write the words in French. Find them in the word search.

1. storm

   _____

2. nice

   _____

3. snow

   _____

4. thunder

   _____

5. ice

   _____

6. wind

   _____

7. sun

   _____

8. lightning

   _____

9. cool

   _____

10. fog

    _____

11. rain

    _____

12. clouds

    _____

								x			ô
						i	a	b			k
		p	l	u	i	e					m
	a	s	é	o	l	g	r	v	c	n	o
	t	u	t	h	f	g	f	n	e	i	g	e	r
a	b	r	o	u	i	l	l	a	r	d	w	o	u	a
s	o	f	d	n	h	i	a	n	u	a	g	e	s	g
o	a	b	s	l	n	y	c	r	f	n	i	a	o	e
l	w	e	è	b	b	e	e	d	e	g	m	s	è	f
e	s	a	k	r	a	c	r	á	v	e	n	t	è	d
i	f	u	é	c	l	a	i	r	v	t	v	o	p	s
l	o	x	n	u	d	x	f	g	e	d	i	k	w	h

D. Complétez les phrases à l'aide des images.
Complete the sentences with the help of the pictures.

1.

Il y a d_s n_a_es.

2.

Il y a d_ s_l_ _l.

3.

Il p_ _ _t.

4.

Il y a d_ v_ _t.

5.

Il y a des _cl_ _rs.

E. Encerclez le temps qui correspond au mois indiqué.
Circle the weather that matches the given month.

En janvier, il fait   chaud / (*froid*) *.*

1. En août, il y a **du soleil / de l'orage** .

2. En octobre, **il fait chaud / il y a du vent** .

3. En novembre, il y a **des nuages / du soleil** .

4. En février, il **neige / fait beau** .

5. En mai, il **pleut / gèle** .

Expressions

Il fait mauvais!

En anglais :
In English

Question:
"What's the weather like?"
Answer:
"It's..."

En français :
In French

Question :
« Quel temps fait-il? »
kehl taam feh·teel

Réponse :
« Il fait... »
eel feh

F. **Mettez les mots dans le bon ordre. Ensuite traduisez l'expression en anglais.**
Put the words in the correct order. Then translate the expression into English.

1. il / Quel / fait / - / temps / ?

   _____

   En anglais : _____

2. fait / chaud. / Il

   _____

   En anglais : _____

3. des / Il / a / nuages. / y

   _____

   En anglais : _____

4. frais. / Il / fait

   _____

   En anglais : _____

G. Répondez à la question pour chacune des images.

Answer the question about each picture.

Quel temps fait-il?

A _____

B _____

C _____

D _____

E _____

F _____

Les vêtements

Clothing

Vocabulary: Words for articles of clothing

Expressions: « Je porte... » "I'm wearing..."

> **Je porte un chapeau.**
> *juh pohrt euhn shah·poh*
> *I'm wearing a hat.*

A. Copiez les mots.

Copy the words.

Les vêtements

clothes

_____
leh veht·maan

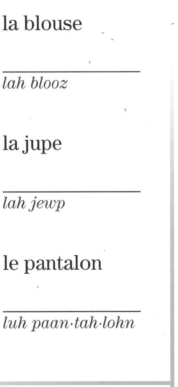

la blouse

_____
lah blooz

la jupe

_____
lah jewp

le pantalon

_____
luh paan·tah·lohn

le chandail

_____
luh shaan·dahy

la chemise

_____
lah shuh·meez

le jean

_____
luh jeen

le tee-shirt

_____
luh tee·shirt

le short

_____
luh shohrt

la robe

_____
lah rohb

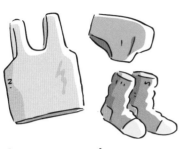

les sous-vêtements
underwear

_____

leh soo·veht·maan

les chaussettes
socks

_____

leh shoh·seht

le maillot de bain
bathing suit

_____

luh mah·yoh duh·bahn

la tuque
tuque

_____

lah tewk

le manteau
coat

_____

luh mahn·toh

les mitaines
mittens

_____

leh mee·tehn

le chapeau
hat

_____

luh shah·poh

les gants
gloves

_____

leh gaan

le pantalon de neige
snowpants

_____

luh paan·tah·lohn duh nehj

les chaussures
shoes

_____

leh shoh·sewr

les sandales
sandals

_____

leh saan·dahl

les bottes
boots

_____

leh boht

B. **Écrivez le nom de chaque vêtement.**

Write the name of each article of clothing.

Les vêtements

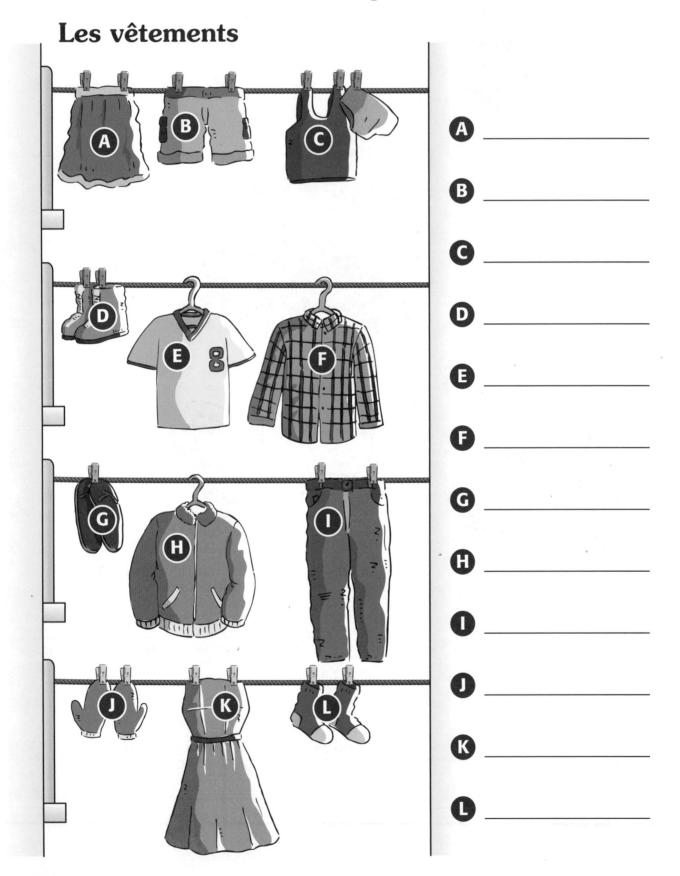

A _____

B _____

C _____

D _____

E _____

F _____

G _____

H _____

I _____

J _____

K _____

L _____

C. Écrivez trois vêtements dont chaque enfant a besoin.
Write three articles of clothing each child needs.

1.

_____

_____

_____

2.

_____

_____

_____

3.

_____

_____

_____

4.

_____

_____

_____

D. Écrivez quatre vêtements que vous portez en ce moment.
Write four articles of clothing you are wearing right now.

_____   _____

_____   _____

E. Mettez les lettres dans le bon ordre. Ensuite faites les mots croisés.

Put the letters in the correct order. Then fill in the crossword puzzle.

Vertical

A tangs

_____

B blseou

_____

C qtuue

_____

D ujpe

_____

E broe

_____

F torsh

_____

Horizontal

1 eajn

_____

2 testob

_____

3 peahcau

_____

4 dansalse

_____

Expressions

Je porte un chandail.

En anglais :
In English

"I am wearing..."
"You are wearing..."
"He/She is wearing..."

En français :
In French

« Je porte... » *juh pohrt*
« Tu porte**s**... » *tew pohrt*
« Il/Elle porte... » *eel/ehl pohrt*

F. **Complétez chaque phrase avec « porte / portes » et le bon vêtement. Ensuite traduisez la phrase en anglais.**

Complete each sentence using "porte/portes" and the correct article of clothing. Then translate the sentence into English.

1.

   Je porte _____ .

   En anglais : _____

2.

   Tu _____ .

   En anglais : _____

3.

   Elle _____ .

   En anglais : _____

4.

   Marcel _____ .

   En anglais : _____

5.

   Je _____ .

   En anglais : _____

La nourriture et les repas

Food and Meals

Vocabulary: Words related to food

Expressions: « Je mange... » "I'm eating..."

> *Je mange de la crème glacée!*
> *juh maanj duh lah krehm glah·seh*
> *I'm eating ice cream!*

A. Copiez les mots.
Copy the words.

Les fruits
Fruits

_____

leh frwee

- **une pomme**
  an apple

  _____

  ewn pohm

- **une banane**
  a banana

  _____

  ewn bah·nahn

- **une orange**
  an orange

  _____

  ewn oh·raanj

Les céréales
Grains

_____

leh seh·reh·ahl

- **le pain**
  bread

  _____

  luh pahn

- **les pâtes**
  pasta

  _____

  leh paht

- **l'avoine**
  oat

  _____

  lah·vwahn

La viande
Meat

_____

lah vyaand

- **le poulet**
  chicken

  _____

  luh poo·leh

- **le bœuf**
  beef

  _____

  luh buhf

- **le poisson**
  fish

  _____

  luh pwah·sohn

Les produits laitiers
Milk Products

leh proh·dwee leh·tyeh

- le lait milk

  _____

  luh leh

- le yogourt yoghurt

  _____

  luh yoh·goor

- le beurre butter

  _____

  luh buhr

Les légumes
Vegetables

leh leh·gewm

- la tomate tomato

  _____

  lah toh·maht

- la laitue lettuce

  _____

  lah leh·tew

- le céleri celery

  _____

  luh sehl·ree

Les repas
Meals

leh ruh·pah

- le déjeuner breakfast

  _____

  luh deh·juh·neh

- le dîner lunch

  _____

  luh dee·neh

- le souper dinner

  _____

  luh soo·peh

Le dessert
Dessert

luh deh·sehr

- la crème glacée ice cream

  _____

  lah krehm glah·seh

- le biscuit cookie

  _____

  luh bees·kwee

- le gâteau cake

  _____

  luh gah·toh

B. **Encerclez le groupe auquel chaque aliment appartient.**

Circle the group to which each food item belongs.

1.

(les fruits)

les céréales

les légumes

2.

le dessert

le déjeuner

les légumes

3.

le dessert

(la viande)

les fruits

4.

les céréales

les produits laitiers

les repas

5.

les repas

les céréales

les fruits

6.

les légumes

les fruits

les céréales

C. **Dessinez un aliment qui appartient à chaque groupe alimentaire.**

Draw a food item that belongs to each food group.

┌─ Un produit laitier ─┐

┌─ Un fruit ─┐

D. **Décrivez l'image en donnant le group auquel chaque nourriture appartient. Utilisez le verbe « être ».**

Describe each picture by giving the group to which each item belongs. Use the verb "être".

e.g. *Le déjeuner est le repas du matin.*

1.

2.

3.

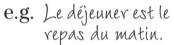

4.

5.

6.

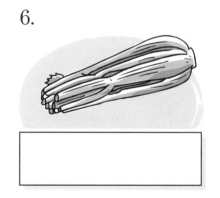

7.

8.

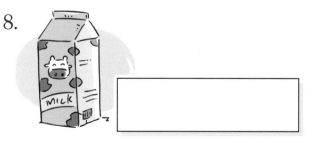

Je mange des biscuits.
juh maanj deh bees-kwee
I'm eating cookies.

En anglais :
In English

"I am eating…"
"You are eating…"
"He/She is eating…"

En français :
In French

« Je mange… » *juh maanj…*
« Tu mange**s**… » *tew maanj…*
« Il/Elle mange… » *eel/ehl maanj…*

E. **Complétez les phrases à l'aide des images. Ensuite traduisez-les en anglais.**

Complete the sentences with the help of the pictures. Then translate them into English.

1. Il mange _____.

   En anglais : _____

2. Tu _____.

   En anglais : _____

3. Elle _____.

   En anglais : _____

4. Marcel _____.

   En anglais : _____

5. Je _____.

   En anglais : _____

F. **Écrivez trois aliments que vous mangez à chaque repas, en utilisant l'expression « Je mange… ».**

Write three things that you usually have for each meal using the expression "Je mange…".

Les repas

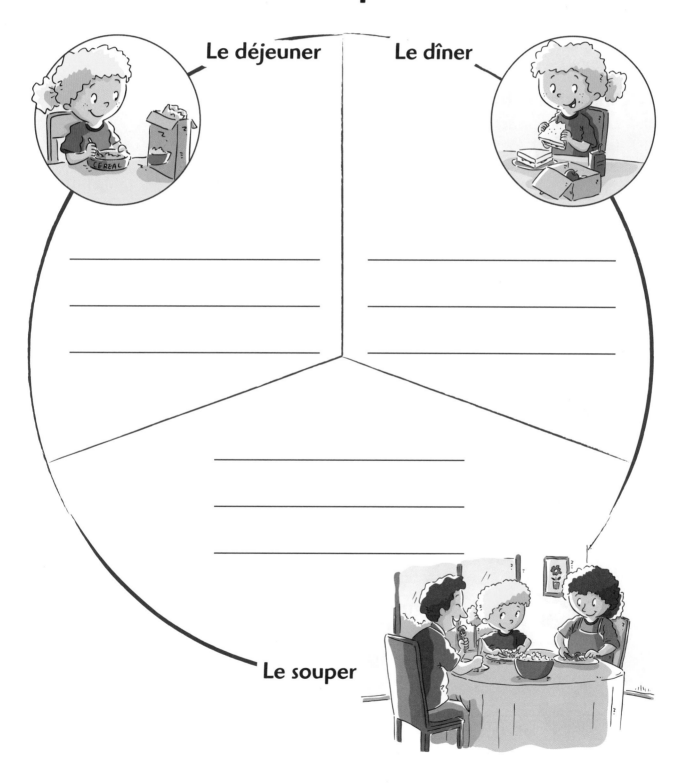

Le déjeuner

Le dîner

Le souper

La révision 2

La révision
- Les pronoms personnels sujets
- Les verbes « avoir » et « être »
- Chez moi
- Les animaux domestiques
- Les couleurs
- Les saisons et le temps
- Les vêtements
- La nourriture et les repas

A. Encerclez la bonne réponse.
Circle the correct answer.

1.    A. un oreiller   B. un lit   C. le soleil

2.   A. un fauteuil   B. la glace   C. le vent

3.   A. une tortue   B. un lapin   C. l'hiver

4.   A. une feuille   B. la neige   C. une pomme

5.    A. un légume   B. le pain   C. une fleur

6.   A. une laitue   B. un tee-shirt   C. un poulet

7.

A. la cuisine   B. la buanderie

C. la fenêtre   D. la salle de bain

8.

A. une banane   B. le printemps

C. l'hiver   D. une jupe

9.

A. les fruits   B. les céréales

C. les légumes   D. la viande

10.

A. un pantalon blanc

B. une jupe blanche

C. une jupe blanc

11.

A. une crème glacée

B. un yogourt

C. le lait

12.

A. la neige

B. le soleil

C. les nuages

13.

A. une chaise

B. un canapé

C. un fauteuil

14.

A. une grenouille

B. un lézard

C. une tortue

15.

A. un lit

B. une baignoire

C. une toilette

B. Remplissez les tirets pour écrire le nom des objets.

Fill in the blanks to write the names of the objects.

A l__ n__ __ge

B l__ b__nh__m__ __ de __ei__e

C l'__c__ai__

D l__ t__nn__r__e

E __n __h__t

F une b__ __gn__ire

G un__ __am__e

H __n ch__ __ __ __

I u__ p__ __ss__n

J u__ __âte__ __

K d__s fe __il__es

L __n ois__ __ __

M l__ d__j__ __ne__

N un b__s__ui__

O l__ l__ __t

C. Mettez les lettres dans les bons cercles.
Put the letters in the correct circles.

you (sg.) are

the living room

a shower

she is

ice

summer

beef

a guinea-pig

I have

a rabbit

chicken

a dress

a snake

A le bœuf

B la glace

C un cochon d'Inde

D une douche

E tu es

F une robe

G un lapin

H elle est

I l'été

J le poulet

K le salon

L un serpent

M j'ai

D. Écrivez la bonne lettre dans le cercle.

Write the correct letter in the circle.

1. Où est le lit? _____

2. Mon animal préféré est la tortue. _____

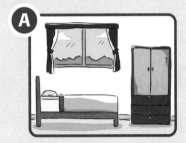

3. J'aime les oiseaux orange. _____

4. Quand est-ce qu'on voit la neige? _____

5. Elle porte un chapeau bleu.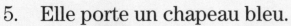

6. Quel temps fait-il en octobre?

7. Je mange des pâtes.

8. J'ai une grenouille.

1 Les objets de classe
School Supplies

A. 1. m 2. f
3. m 4. m
5. m 6. f
7. m 8. f
9. f 10. f
11. m ; m ; m

B. 1. le tableau noir
2. le crayon
3. le pupitre
4. la chaise
5. le bureau
6. le tapis
7. la règle
8. le livre

C.
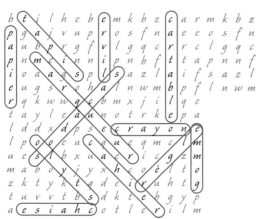
sac à dos ; livre ; crayon ; marqueur ; cahier ; règle ; cartable ; stylo ; chaise ; papier ; tapis ; gomme

D. des stylos ; des tableaux ; les pupitres ; les chaises ; des tapis ; les livres ; des bureaux ; des règles ; les crayons

E. 1a. cartable
b. cartables
2a. C'est un pupitre.
b. Ce sont des pupitres.
3a. C'est une chaise.
b. Ce sont des chaises.
4a. C'est une gomme.
b. Ce sont des gommes.
5a. C'est une règle.
b. Ce sont des règles.

2 À l'école
At School

B. 1. la directrice
2. la secrétaire
3. l'étudiant
4. le professeur
5. le concierge

C. 1. C ; la bibliothèque
2. B ; la cafétéria
3. D ; la salle de classe
4. A ; la cour d'école

D. 1. la bibliothèque
2. la classe de musique
3. Est-ce que je peux aller à la salle de classe?

3 La famille
Family

B. père ; mère
sœur ; frère
fille ; fils
bébé
animal domestique
grand-père
grand-mère
oncle ; cousine
cousin ; tante

C. 1. sœur 2. grand-mère
3. oncle 4. cousine
5. grand-père 6. tante
7. cousin 8. bébé

D. (Individual answers)

E. frère
tante
grand-mère
cousin
l'oncle
fils
sœur
mot mystère : famille

F. 1. la ; tante
2. la ; grand-mère
3. Alice/Christie ; de
4. le ; cousin
5. la ; fille
6. la ; de

4 Les jours de la semaine
The Days of the Week

B. 1 lundi ; 4 jeudi ; 7 dimanche
5 vendredi ; 2 mardi
6 samedi ; 3 mercredi

C. 1. le calendrier
2. la date
3. une semaine
4. un jour
5. les jours de la semaine
lundi
mardi
mercredi
jeudi
vendredi
samedi
dimanche

D. les jours de la semaine
lundi
mardi
mercredi
jeudi
vendredi
la fin de semaine
samedi
dimanche

E. la semaine ; la fin de semaine

F. 1. DIMANCHE   2. LUNDI
3. MERCREDI   4. CALENDRIER
5. DATE   6. VENDREDI

G. 1-7. je vais à

5 Les mois de l'année
The Months of the Year

B. (Individual answers)

C. février ; juin ; octobre
novembre ; décembre
mars ; juillet ; avril
août ; septembre ; mai
janvier

D. 1. avril   2. décembre
3. octobre   4. septembre
5. juillet   6. mai

E.

r	e	i	v	n	a	**j**	d	w	o	k
t	e	d	s	v	h	f	e	ä	y	g
b	r	z	w	y	a	**j**	**u**	**i**	**n**	t
é	b	k	p	o	q	r	s	a	h	s
ù	m	i	x	**a**	**v**	**r**	**i**	**l**	o	**d**
l	k	w	b	a	e			h	é
o	z	a	é	m	n			q	c
j	l	k	o	f	q	j	d	g	s	e
f	**é**	**v**	**r**	**i**	**e**	**r**	a	é	e	**m**
i	**s**	**e**	**p**	**t**	**e**	**m**	**b**	**r**	**e**	**b**
j	f	h	i	o	v	e	b	s	j	**r**
u	t	é	**e**	**o**	**c**	**t**	**o**	**b**	**r**	**e**
i	b	o	r	s	a	k	y	e	û	**b**
l	a	é	**b**	d	q	f	q
l	u	è	**m**	p	k	i	f
e	w	m	**e**	j	t	l	**e**
t	o	n	v	i	j	o	a	c	**m**	à
o	a	g	**t**	**û**	**o**	**a**	h
n	t	l	e	g	f	r	w
m	**a**	**i**	B	q	h	s	n
r	w	h	f	a	j	c	v

janvier
février
mars
avril
mai
juin
juillet
août
septembre
octobre
novembre
décembre

F. 1. A: le samedi 9 août 2009
B: le lundi 15 juin 2009
C: le vendredi 5 septembre 2009
2. (Individual answers)

6 Les nombres : de 1 à 15
Numbers: 1 to 15

B.

C. 1. quatorze   2. huit
3. treize   4. cinq
5. six   6. deux
7. quatre   8. trois
9. sept   10. neuf

D.

E.

11. 30   12. 25
13. 13   14. 27
15. 16   16. 19

E.   quatre
     onze
     six
     quatorze
     un
     sept

F. 1. Il y a   2. Il y a
   3. trois   4. six

G. 1. There are three pens.
   2. There are six books.

F. 1. Il y a vingt-quatre crayons.
   2. Il y a seize marqueurs.
   3. Combien de gommes y a-t-il?
   4. Combien de cahiers y a-t-il?

7 Les nombres : de 16 à 30
Numbers: 16 to 30

B.

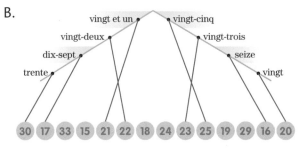

C. A: dix-neuf   B: trente
   C: douze   D: trente
   E: vingt-quatre   F: vingt-sept
   G: un   H: seize

D. 1. 23   2. 18
   3. 24   4. 21
   5. 22   6. 20
   7. 17   8. 26
   9. 29   10. 28

8 L'heure et le temps du jour
The Hour and the Time of Day

B. 1. 2 h 45   2. 6 h 55
   3. 4 h 27   4. 12 h 04
   5. 11 h 17   6. 3 h 58
   7. 6 h 45   8. 11 h 05
   9. 6 h 15   10. 4 h 25

C. 1. 8 h 30   2. 10 h 15
   3. 13 h 30   4. 15 h 45
   5. 7 h 50   6. 12 h 07
   7. 21 h 15   8. 11 h 25
   9. 16 h 40   10. 13 h 45
  11. 10 h 45   12. 18 h 55

E. 1. le soir   2. l'après-midi
   3. le matin   4. l'après-midi
   5. le matin   6. le soir

F.

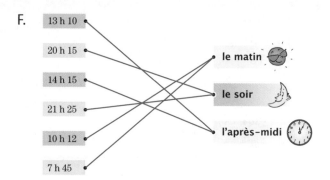

13 h 10
20 h 15
14 h 15
21 h 25
10 h 12
7 h 45

le matin
le soir
l'après-midi

G.   1. A   2. C
H.   1. Il est 10 h 25 à Paris.
     2. Il est 15 h à New York.
     3. Il est 19 h 15 à Londres.
     4. Il est 8 h 20 à Toronto.

La révision 1
Revision 1

A.   1. B   2. B
     3. B   4. A
     5. C   6. A
     7. B   8. C
     9. A   10. C
    11. A   12. A
    13. C   14. C
    15. A

B.   A: le soir
     B: octobre
     C: dix
     D: un cahier
     E: décembre
     F: midi
     G: jeudi
     H: un calendrier
     I: vingt-huit
     J: un bébé
     K: un animal domestique
     L: une minute
     M: un cartable
     N: une professeure
     O: un crayon de couleur

C.   the librarian: K
     brother: L
     the month: I
     August: J
     a week: A
     a pen: D
     the gym: B
     Sunday: H
     March: G
     a student: C
     a daughter: E
     the scissors: F

D.   1. A   2. C
     3. A   4. A
     5. A   6. B
     7. A   8. B

9   Les pronoms personnels sujets
Personal Subject Pronouns

B.   1. il
     2. il
     3. elle
     4. il
     5. elle
     6. il
     7. elle
     8. il
     9. elle
    10. elle
    11. il
    12. il
    13. elle
    14. il
C.   1. ils
     2. ils
     3. ils
     4. elles
     5. elles
     6. ils
     7. ils
     8. ils
D.   1. avons
     2. ont
     3. ai
     4. as

E.

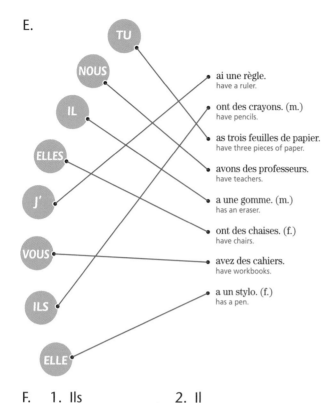

TU	ai une règle. have a ruler.
NOUS	ont des crayons. (m.) have pencils.
IL	as trois feuilles de papier. have three pieces of paper.
ELLES	avons des professeurs. have teachers.
J'	a une gomme. (m.) has an eraser.
VOUS	ont des chaises. (f.) have chairs.
ILS	avez des cahiers. have workbooks.
ELLE	a un stylo. (f.) has a pen.

F. 1. Ils 2. Il
   3. Elles 4. Il
   5. Il 6. Ils

10 Chez moi
At my House

B. 1. B, C 2. C, D
   3. A, B, D 4. A, B
C. 1. le toit 2. le garage
   3. la porte 4. la cheminée
   5. la fenêtre
D. 1. suis 2. est
   3. êtes 4. sont
   5. suis 6. suis
E. 1. Il est dans le salon.
   2. Elle est dans la buanderie.
   3. Elle est dans la salle de bain.
   4. Il est dans la chambre à coucher.
   5. Elle est dans la cuisine / la salle à manger / le salon.
F. A : Où est le réfrigérateur?
   B : Où est le canapé?
G. 1. A 2. B
   3. B 4. A

11 Les animaux domestiques
Domestic Animals (Pets)

B. 1. un oiseau 2. un lapin
   3. un poisson 4. un serpent
   5. un chat 6. une grenouille
C. 1. un lapin ; une tortue ; un oiseau
   2. un chien ; une grenouille ; un oiseau
   3. une grenouille ; un serpent ; un poisson
D. 1. chat 2. chien
   3. poisson 4. oiseau
   5. hamster 6. lapin
   7. tortue 8. cochon d'Inde
   9. lézard 10. grenouille ; chienne
E. 1. serpent 2. grenouille
   3. poisson 4. lapin
   5. tortue 6. lézard
   7. chat 8. oiseau
   9. chien
F. 1. poisson
   2. grenouille
   3. chat
   4. cochon d'Inde
   5. lapin
   6. hamster
   7. lézard
   8. oiseau

G. 1. est le lapin
   2. est la tortue
   3. est l'oiseau
H. (Individual answer)

12 Les couleurs
Colours

B. 1. le gris   2. le rose
   3. l'orange   4. le bleu pâle
   5. le vert foncé

C.

D.

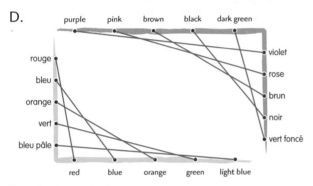

E. 1. le vert ; le rouge
   2. le gris ; le jaune
   3. le bleu ; le vert
   4. le blanc ; le noir
   5. A: le violet
      B: l'orange
      C: le rose
      D: le bleu marine
      E: le bleu pâle
      F: le vert

F. 1. as une gomme blanche
   2. a des règles bleues
   3. a un sac à dos rouge
   4. ont un marqueur vert
   5. ai des cartables orange

G. 1. J'aime le rouge.
     Je n'aime pas le rouge.
   2. J'aime le vert.
     Je n'aime pas le vert.
   3. J'aime l'orange.
     Je n'aime pas l'orange.
   4. J'aime le violet.
     Je n'aime pas le violet.

13 Les saisons
The Seasons

B. (Individual answers)
C. 1. l'été
   2. C'est l'hiver.
   3. C'est l'automne.
   4. C'est le printemps.
D. 1. Le bonhomme de neige est blanc.
     l'hiver
   2. Le soleil est jaune.
     l'été
   3. La feuille est brune.
     l'automne
   4. La pluie est bleue.
     le printemps
   5. La citrouille est orange.
     l'automne
E. l'hiver ; le printemps
   l'automne ; l'été

Les Saisons

F. 1. la neige ; le bonhomme de neige

2. la fleur

3. la plage ; le soleil

4. la feuille ; la citrouille

G. 1. en automne
2. en hiver
3. au printemps
4. en été

14 Le temps
The Weather

B. (Individual answers)
C. 1. orage 2. beau
3. neige 4. tonnerre
5. glace 6. vent
7. soleil 8. éclair
9. frais
10. brouillard
11. pluie
12. nuages

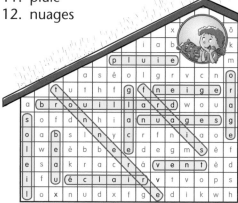

D. 1. Il y a des nuages.
2. Il y a du soleil.
3. Il pleut.
4. Il y a du vent.
5. Il y a des éclairs.
E. 1. du soleil 2. il y a du vent
3. des nuages 4. neige
5. pleut
F. 1. Quel temps fait-il?
What's the weather like?
2. Il fait chaud.
It's hot.
3. Il y a des nuages.
It's cloudy.
4. Il fait frais.
It's cool.
G. A: Il y a de l'orage. / Il fait mauvais.
B: Il y a du vent. / Il fait beau.
C: Il fait beau. / Il y a du soleil.
D: Il neige. / Il y a du vent. / Il fait froid.
E: Il fait chaud. / Il y a du soleil.
F: Il pleut.

15 Les vêtements
Clothing

B. A: la jupe
B: le short
C: les sous-vêtements
D: les chaussures / les bottes
E: le tee-shirt
F: la chemise
G: les sandales
H: le manteau
I: le pantalon
J: les mitaines
K: la robe
L: les chaussettes
C. (Suggested answers)
1. un chandail ; un pantalon ; des chaussures
2. une blouse ; une jupe ; des sandales
3. un manteau ; des gants ; une tuque
4. un maillot de bain ; des sandales ; un chapeau

Réponses Answers

D. (Individual answers)

E. Vertical
- A: gants
- B: blouse
- C: tuque
- D: jupe
- E: robe
- F: short

Horizontal
- 1: jean
- 2: bottes
- 3: chapeau
- 4: sandales

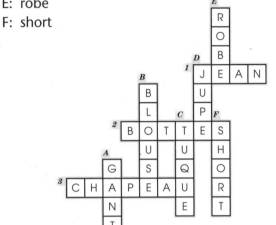

F. 1. un chapeau
   I am wearing a hat.
   2. portes des mitaines
   You are wearing mittens.
   3. porte une jupe
   She is wearing a skirt.
   4. porte un sous-vêtement
   Marcel is wearing underwear.
   5. porte une robe
   I am wearing a dress.

16 La nourriture et les repas
Food and Meals

B. 1. les fruits   2. les légumes
   3. la viande   4. les produits laitiers
   5. les repas   6. les céréales

C. (Individual answers)

D. 1. Le dîner est le repas de midi.
   2. Le souper est le repas du soir.
   3. La pomme est un fruit.
   4. Le poisson est une viande.
   5. Le gâteau est un dessert.
   6. Le céleri est un légume.
   7. La banane est un fruit.
   8. Le lait est un produit laitier.

E. 1. du poisson
   He is eating fish.
   2. manges de la crème glacée
   You are eating ice cream.
   3. mange une banane
   She is eating a banana.
   4. mange du yogourt
   Marcel is eating yoghurt.
   5. mange un gâteau
   I'm eating a cake.

F. (Individual answers)

La révision 2
Revision 2

A. 1. A   2. C   3. A
   4. C   5. B   6. C
   7. D   8. B   9. A
   10. B   11. A   12. C
   13. B   14. A   15. C

B. A: la neige
   B: le bonhomme de neige
   C: l'éclair   D: le tonnerre
   E: un chat   F: une baignoire
   G: une lampe   H: un chien
   I: un poisson   J: un râteau
   K: des feuilles   L: un oiseau
   M: le déjeuner   N: un biscuit
   O: le lait

C. you (sg.) are: E
   the living room: K
   a shower: D
   she is: H
   ice: B
   summer: I
   beef: A
   a guinea-pig: C
   I have: M
   a rabbit: G
   chicken: J
   a dress: F
   a snake: L

D. 1. A   2. C
   3. A   4. A
   5. C   6. A
   7. A   8. B